CONOCE TU GOBIERNO

ALCALDE

Por Jacqueline Laks Gorman
Consultora de lectura: Susan Nations, M. Ed.,
autora/tutora de lectoescritura/consultora

WEEKLY READER®
PUBLISHING

Please visit our web site at www.garethstevens.com
For a free color catalog describing our list of high-quality books,
call 1-800-542-2595 (USA) or 1-800-387-3178 (Canada). Our fax: 1-877-542-2596

Library of Congress Cataloging-in-Publication Data available upon request from publisher.
ISBN-10: 1-4339-0100-5 (lib. bdg.)
ISBN-13: 978-1-4339-0100-3 (lib. bdg.)
ISBN-10: 1-4339-0128-5 (softcover)
ISBN-13: 978-1-4339-0128-7 (softcover)

This edition first published in 2009 by
Weekly Reader® Books
An Imprint of Gareth Stevens Publishing
1 Reader's Digest Road
Pleasantville, NY 10570-7000 USA

Executive Managing Editor: Lisa M. Herrington
Editors: Brian Fitzgerald and Barbara Kiely Miller
Creative Director: Lisa Donovan
Senior Designer: Keith Plechaty
Photo Researcher: Kim Babbitt
Spanish Translation: Tatiana Acosta and Guillermo Gutiérrez
Publisher: Keith Garton

Photo credits: cover & title page Ben Rose/WireImage; p. 5 Joseph Connoly/Getty Images; p. 6 Ramin Talaie/ Corbis; p. 7 Courtesy of the Gracie Mansion Museum; p. 9 Ray Abrams-Pool/Getty Images; p. 10 Dana White/Photo Edit; p. 11 Gregg Andersen; p.12 Jupiter Images; p. 13 David McNew/Getty Images; p. 15 Tasos Katopodis/Getty Images; p. 16 Courtesy mayor's office, Muskogee, Oklahoma; p. 17 Erik S. Lesser/Getty Images; p. 19 Library of Congress; p. 20 Bettmann/Corbis; p. 21 Spencer Platt/Getty Images.

Printed in the United States of America

1 2 3 4 5 6 7 8 9 10 09 08

Cubierta: Shirley Jackson fue elegida alcaldesa de Atlanta, Georgia, en 2002, convirtiéndose en la primera mujer afroamericana que llegó a ese cargo en la ciudad.

CONTENIDO

Las palabras del glosario se imprimen en letra **negrita** la primera vez que aparecen en el texto.

CAPÍTULO 1

¿Quiénes son los alcaldes?

En Estados Unidos hay miles de pueblos y ciudades. Cada uno de ellos tiene su propio gobierno, y muchos tienen un alcalde. El **alcalde** es el jefe del gobierno de un pueblo o ciudad.

Sarah Palin fue alcaldesa de Wasilla, Alaska, de 1996 a 2002. En 2008, fue candidata a la vicepresidencia de Estados Unidos.

El alcalde se reúne con otros alcaldes de todo el estado, y con gente de otras partes del país. Sin embargo, sólo tiene poder de decisión en su pueblo o ciudad.

No todos los pueblos y ciudades tienen el mismo tipo de gobierno. Ciertos alcaldes tienen más poderes que otros. Algunos pueblos y ciudades ni siquiera tienen alcalde, sino que son gobernados por grupos de personas.

Algunas veces, los alcaldes se reúnen con líderes extranjeros. En 2008, el alcalde de la ciudad de Nueva York, Michael Bloomberg (derecha), se reunió con Gordon Brown, líder del Reino Unido.

Gracie Mansion es la residencia oficial del alcalde de la ciudad de Nueva York.

Los alcaldes viven y trabajan en su pueblo o ciudad. En algunas ciudades, el alcalde trabaja en el edificio del Ayuntamiento. Algunas poblaciones proporcionan una residencia a su alcalde. Otros alcaldes viven en una vivienda propia.

CAPÍTULO 2

¿Qué hace un alcalde?

Los gobiernos de pueblos y ciudades se ocupan de muchas cosas. Es posible que controlen los departamentos de policía y de bomberos, y administren escuelas y bibliotecas. Algunos pueblos y ciudades proporcionan agua potable y se encargan de la recogida de basura. Los alcaldes se aseguran de que todos estos servicios funcionen bien.

En 2005, el alcalde de la ciudad de Nueva York, Michael Bloomberg, se reunió con miembros del departamento de bomberos.

Muchos pueblos y ciudades tienen un **concejo municipal**. Los habitantes de esas poblaciones **eligen**, o escogen, a las personas que forman parte del concejo. El alcalde y el concejo municipal cooperan en las tareas de gobierno del pueblo o ciudad. A veces, el alcalde dirige las reuniones del concejo.

Los miembros del concejo municipal suelen celebrar reuniones en las que los ciudadanos exponen problemas de la comunidad.

El concejo aprueba nuevas leyes para el pueblo o ciudad. En algunos lugares, los alcaldes deben firmar las leyes para que éstas sean válidas. En otros, los alcaldes no tienen ese poder. A veces, los habitantes de un pueblo o ciudad votan para aprobar propuestas de nuevas leyes.

Los agentes de policía se ocupan de hacer respetar las leyes en pueblos y ciudades.

Un alcalde debe asegurarse de que las leyes se respetan. Los alcaldes colaboran con el departamento de policía y los **tribunales**. Los tribunales determinan si alguien incumplió la ley.

En los presupuestos de pueblos y ciudades se incluye dinero para parques y zonas infantiles de juego.

Los gobiernos de pueblos y ciudades gastan mucho dinero al año. El alcalde puede encargarse de preparar un **presupuesto**. El presupuesto es un plan que determina cómo se gasta el dinero. El concejo vota la aprobación del presupuesto. En el presupuesto se incluye dinero para escuelas, parques y otras áreas de importancia.

Los alcaldes supervisan el trabajo de mucha gente, y pueden elegir a los responsables de los departamentos del pueblo o la ciudad. También controlan la situación cuando hay una emergencia en sus ciudades.

En 2008, Antonio Villaraigosa, alcalde de Los Ángeles, California, visitó algunas zonas donde los incendios habían destruido varias viviendas.

CAPÍTULO 3

¿Cómo llega alguien a ser alcalde?

Hay diferentes maneras de elegir al alcalde de un pueblo o ciudad. Por lo general, los votantes eligen al alcalde. En otros lugares, el concejo nombra alcalde a uno de sus miembros.

Richard M. Daley (izquierda) ha sido alcalde de Chicago, Illinois, por muchos años. En 2006 fue reelegido para un sexto mandato.

No todos los alcaldes sirven en su cargo el mismo periodo de tiempo. El **mandato** de algunos alcaldes es de dos años. Otros tienen mandatos de cuatro o de seis años. En algunos lugares, el alcalde sólo puede servir durante dos mandatos. En otros, el alcalde puede presentarse a tantos mandatos como desee.

Las personas que se presentan a un cargo son los **candidatos**. Los candidatos recorren el pueblo o la ciudad para dar discursos y explicar sus ideas. También pueden tener **debates** sobre los asuntos importantes.

En 2008, John Tyler Hammons fue elegido alcalde de Muskogee, Oklahoma. ¡Apenas tenía 19 años de edad!

En 2002, Shirley Franklin (izquierda) juró su cargo como alcaldesa de Atlanta, Georgia.

En una ciudad grande, los candidatos pueden poner anuncios en televisión. En pueblos pequeños, pueden visitar a los votantes para hablar con ellos. El Día de las Elecciones, los habitantes del pueblo o ciudad votan. El candidato que obtiene más votos es elegido alcalde.

CAPÍTULO 4

Alcaldes famosos

Muchos alcaldes han hecho cosas muy importantes por sus ciudades, y son conocidos en todo el país. Algún alcalde ha llegado a ser **gobernador** de su estado. Otros han ocupado diversos puestos de importancia en el gobierno.

Algunos alcaldes llegaron, más adelante, a la presidencia de Estados Unidos. Grover Cleveland se convirtió en alcalde de Buffalo, Nueva York, en 1882. Dos años después, fue elegido presidente de Estados Unidos.

Calvin Coolidge fue alcalde de Northampton, Massachusetts, de 1910 a 1911. Más adelante se convirtió en el presidente número 30 de Estados Unidos.

Grover Cleveland fue elegido presidente de Estados Unidos en 1884 y en 1892.

Tom Bradley fue alcalde de Los Ángeles, California, y contribuyó a la armonía entre personas de distintas razas y procedencias.

Tom Bradley, elegido alcalde de Los Ángeles, California, en 1973, fue el primer alcalde afroamericano de la ciudad. Es la persona que ha ocupado el cargo más tiempo, ya que fue alcalde durante 20 años.

Rudolph Giuliani era el alcalde de Nueva York el 11 de septiembre de 2001. Ese día, muchos perdieron la vida en los ataques a edificios de la ciudad. Giuliani fue un líder enérgico, y muchas personas, en la nación y en todo el mundo, mostraron su admiración por él.

El alcalde Rudolph Giuliani ofreció su apoyo a mucha gente en unos momentos difíciles.

Glosario

alcalde: jefe del gobierno de un pueblo o ciudad

candidatos: personas que se presentan a un cargo electivo

concejo: grupo de personas que son elegidas para que tomen decisiones en el gobierno de un pueblo o ciudad

debates: discusiones formales entre los candidatos en las que éstos explican su postura respecto a temas importantes para la nación

elegir: escoger a un líder mediante una votación

gobernador: jefe del gobierno de uno de los estados

mandato: periodo de tiempo determinado en el que alguien ejerce un cargo político

presupuesto: plan que determina cómo se obtiene y se gasta el dinero

tribunales: lugares donde se oyen los casos legales y se toman decisiones sobre ellos

Más información

Libro

¿Qué es un alcalde? Mi primera guía acerca del gobierno
(series). Nancy Harris (Heinemann, 2007)

Página web

Proyecto Democracia
www.pbskids.org/democracy/mygovt/index.html
Conozcan cómo les afecta el gobierno, incluyendo el de su ciudad.

Índice

Información sobre la autora

La escritora y editora Jacqueline Laks Gorman creció en la ciudad de Nueva York. Jacqueline ha trabajado en muchos tipos de libros y ha escrito varias colecciones para niños. Vive en DeKalb, Illinois, con su esposo David y sus hijos, Colin y Caitlin. Se registró para votar cuando cumplió dieciocho años y desde entonces participa en todas las elecciones.